「中川ワニ珈琲」のレシピ

家でたのしむ手焙煎(ハンド・ロースト)コーヒーの基本

中川ワニ

コーヒーにもわが家の味を

九州・福岡での仕事を終え、打ち上げも兼ねた晩ごはんを食べていたときのこと。その日一緒に仕事をした「喫茶ふら」の娘夫妻とは久しぶりの再会だったのだが、なんとはなしのおしゃべりのなかで、最近はもっぱら奥さんが焙煎をし、お母さんの店の分と自分の家で飲む分のコーヒー豆を作っているという。旦那さんの手作り手回し焙煎機で、くるくる手を動かしながらコーヒー豆を作り上げていく。子供はそんな風景を見るともなく見ながら育ち、コーヒーを飲むようになるんだなと想像して、いいものだなあと思う。そのコーヒーは、その家ならではの味がして、とてもおいしい。

月日が過ぎて、いくつかの外国での時が重なり、さらに心に浮かんでくる味が増えた。

たとえばラオスのとある村のお宅でご馳走になったコーヒー。そこのお母さんが家にある使い込んだ鍋で作っていたものだ。作り方を聞くと、まるでキンピラでも作るみたいにお母さんがコーヒーの料理話をするから、思わず笑顔になった。

インドネシアのあるお宅では、豆の収穫時に一気に一年分の家で飲むコーヒーを、薪をくべたかまどの上で土鍋を使って作り上げる。その話を聞いているうちに、気がつくとご近所さんたちがぞろぞろやってきて、

「自分の家で焼くコーヒーがいちばんマニス（インドネシア語で〝甘い〟という意味）」

と自慢し合う。家々に伝わる秘伝のコーヒーの味にはちょっとした工夫があって、それが「わが家の味」になっていた。コーヒーにも、わが家の味があっていいんだと思う体験だった。

もくじ

第II章　ハンド・ローストしてみよう　37

第Ⅲ章

ハンド・ローストした豆をおいしく淹れよう

はじめに

あらゆる料理のおいしさにしかるべき理由があるように、コーヒーにもそれぞれのおいしさに理由というか道理があって、それは偶然作られたものではない。僕がザルを使ったコーヒーの手焙煎＝ハンド・ロースのレシピをここで記していくのにもきちんと訳がある。

なんで今さらザルを使ったハンド・ローストでコーヒー調理の道筋を著わすのか、と思われるむきもあるだろうが、ふだん「中川ワニ珈琲」が使っている焙煎機での調理法をオープンにするのでは、プロに向けてというニュアンスが生まれてしまうし、日々、ごはんを作るのと同じ目線でコーヒーの調理法を記したかったのもあった。

そして、調理の仕方を伝えることで、コーヒーがコーヒーとなっていくことが身近になるようにとの願いがある。

ふだん僕が焙煎機を使って調理してきたノウハウを、できるかぎりハンド・ローストに落とし込んだレシピを紹介する。調理の場面ごとに、ここでは何をしているのか、豆はどのような変化をとげているのかを伝えて、コーヒーができ上がっていく様子、コーヒーのおいしさを伝えたい。

＊

おいしさというのは時に曖昧に語られる。環境、文化圏による味覚の違いとも絡み合って、本質が見えづらくなることも多いからだと思うが、好き嫌いのその前に、おいしいものというのは確かに存在している。「ウマイマズイって結局は主観で、答えのないものをあーだこーだいうのはあんまり意味がないでしょ」と言われることもあるが、ハッキリ違う。

確かに何が旨味か、その現れ方も多様、ましてその受け取り方は人の数だけあると言っても過言ではないが、その味にするために何をするか、これは好き嫌いではなく明確な方法がある。それがなければちゃんとした調理のレシピというのは存在し得ないので、ここのところは混同しない方がいい。

たとえばコーヒー豆を火にかけて適当に熱を加えていけば、それらしい色になっていく。表面の変化だけでおいしいコーヒーができるのであれば、なんの問題もない。なんとなく口に運べるものも偶然生まれるかもしれない。でも、調理というのは、それを作る人が明確に味の出口＝完成図のイメージを持って、そこに至るまでのことを指すわけだ。そのレシピはプロであれば当然公開できるはずだと思う。

ハンド・ローストは誰もが自宅でできる。ハンド・ローストですべてができるとは言っていない。しかし僕はできるかぎり自分の例を記す。このレシピに従って調理していただければ、ひとつの味の作り方がしっかりわかってもらえるはずだ。その後、それぞれの人が自分の味を追いかけることができる。その道標になると思っている。

ホームメイドのパンやスウィーツがあって家庭で楽しむ一方で、プロの作るものの楽しみやおいしさもある。コーヒーも同じように、多様な楽しみがある。ハンド・ローストはマニアのものではなく、コーヒーを飲む人みんなのための楽しみだ。

最初はちょっと面倒に思えるかもしれないけれど、やってみれば案外簡単。そして、その先に行きたくなったら、より手をかけて繰り返し作っていくうちに、自分の家のコーヒーの味ができていく。それって、なかなかに贅沢なことだと思います。

第1章
はじめまして「中川ワニ珈琲」です

あじわいの作り方

焙煎人の仕事は豆を調理すること

コーヒーの生豆は、なんらかの形で熱を加えて調理しなければ、見慣れたあのコーヒー豆にはならない。そもそもコーヒーとは、コーヒーの実が木になってそれを摘み取り、種子のまわりの実の部分を取って種子を丸裸にし、干し、乾燥させ、生豆と呼ばれるその種子に熱を加えてローストし、それを挽いて抽出して、飲み物として完成する。

僕の仕事は、この過程のなかの、乾燥させたコーヒーの種子をローストし、コーヒー豆に仕上げる部分である。それは「焙煎」と呼ばれ、僕は「焙煎人」なのだけれど、「焙煎」という言葉はなんだか業務的だなとずっと思っていた。自分の日々の作業は、どこか煮豆を作ってるのにも似ている気がして、ならば「調理」という言葉のほうが親しみがわく。そう言うようになってから、向き合い方も丁寧になってきた。毎日、自分の手を経て飲むものだから「調理」。そのほうがしっくりくる。

追いかける味

最初に口に含んだ時には柔らかく静かで、ひとくちふたくちと飲み進めていくうちに旨味やふくよかさが感じられ、後味はモタつかずスッとキレていく。そして、一杯のコーヒーを飲み終わった時、しっかり満足感のもてるあじわい。これが僕の追いかけている味。

ローストの度合いに関係なく、ちゃんと調理されていない時に出てくる腐った落花生のような青臭さと、胃もたれするあじわいが何よりいけない。最初にインパクトが強いものがともなうアクのような後味も嫌いで、ファーストタッチにどんなに魅惑的な味が出てきても、もし嫌な後味が残るとしたら、その調理法を僕はあきらめる。うまくいけば、魅惑的な旨味とクセを同居させる方法もあるのかもしれないが、未知の領域。辿りつけるものなら、なんとか生きているうちに辿りつきたい。

消去法ではなく

時折、思うのである。自分の作りだすコーヒーは、自分の嫌いな味にならないようにするために、何か大切なものを失っていないかと。コーヒー豆は種子であり、種子は生命の源である。それを幾粒も幾粒も重ねあわせ、ローストし、抽出したものがコーヒー（のエキス）になる。だから、と僕は考える。コーヒーを生命感のないものにはしたくない。静かでも激しくてもよい。生命の躍動したものを身体の中に入れて楽しみたい。そのためには消去法、つまりこうしてはいけないと思いこんだことを重ねていっても意味はない。

素材の味さえすればいいというものでもない。世の中の至るところから、高級食材やより良い素材を用いておいしいものを生み出しているという話が聞こえてくる。それを耳にするたび、僕が知りたいのは、そのほんのちょっと先に進んだ世界なんだけどと思ったりしている。

はじめのひとくちと、後味

若いころ、パスタを大量に食べるのが好きで、特にアサリのむき身と春菊、いんげん、アスパラガス、春だったら春菊を菜の花に替えて、ペペロンチーノを家で作っていた。ひとくちふたくちめあたりにどんぴしゃな味に調えると、途中で食べられなくなる。どうしてだろうと考え、塩加減を変えた。最初はちょっと物足りないくらいにすると、最後のひとくちを終えたところで味が調う。こうするとぺろりといける。

これと同じことをコーヒーでも考えていて、僕のコーヒーは最初のひとくちふたくちあたりはちょいとたよりなげ。でも一杯を飲み終えた時に飲んだ満足感が現れるといい。これは僕の感覚的味覚の捉え方だが、最初にあまりにも強い旨味とかクセを感じすぎるものって、飲み進めていくうち、味が口の中でハレーションを起こして、そのうち味の単調さに気づく。飽きていくと言ってもいいかもしれない。

ふだん飲みのコーヒーは、テイスティングのように何口かで止めることはないはずで、一杯の味が大切になるんだと信じている。そのうえで僕が最も嫌うのは、エグ味をともなう後味の悪さやもたつきで、そのうち手が止まる。これをコーヒーの余韻と考える人もいるようだが、ハッキリ違うと思う。

後味をもたつかせるものの正体は、コーヒー豆を調理するプロセスで生まれるエグ味で、これはないほうが良い。どんなに強烈なあじわいをもったものでも、よく調理されているものはまず間違いなく、後味のひきはいい。後味がいつまでもひかないものはクセがあると思われがちである。どんな強烈な個性を持っているコーヒーでも、後味まで強烈ってことなんてほとんどないと思っている。

最初の客

むかしから変わらないことが一つだけある。それはできあがったコーヒーの最初のお客さんは自分ということだ。そのときの自分が納得しないものは「中川ワニ珈琲」のコーヒーにはならない。なんてエラそうなことを言っているが、当初はその自分の判断も、ミスやわからないことが多くて、ヒドいものをお客さんに手渡したことは一度や二度ではない。でもちょっとでもいいものにしたい気持ちが勝って、今も続けている。「あー、やってしまったな」ってな時のコーヒーが全体から醸し出す嫌悪感。とにかくこの時間と出会いたくない。その一心で、昨日より今日、今日より明日はよりよくならないかを繰り返す。

豆の声を聴く

コーヒーの焙煎を始めてから現在に至るまでの間に、自分はずいぶんと変わったのだと思う。自分の思い通りに調理できず失敗と言っては苛立ち、だいたい思い通りのところに落ち着いたときには成功などと、一喜一憂しながら多くの時間が過ぎていく。

ある時、何がきっかけかは忘れてしまったが、その時に手にした生の豆が何かを伝えようとしているのではないかと感じるようになった。

生豆は、同じ農園で採れた同じ品種のものであろうと個体差がある。年ごとにも違う。その時たまたま僕がすくった一つのカタマリ、それを見て、まずは調理してみる。焼き上がるまでの様々なプロセスで、豆がどのような表情を見せるのかに注心し、現れて来たものを味わってみる。はじめは何も分からない。しかし次第に感じ取る、うまいまずいだけじゃない、何か。

その何かこそが、料理人が向き合う本質ではないのか。今は少なくともそう思っている。この仕事は口に運んだ人が喜んでくれてこそ成り立つものであり、いくら自分が良いと思ったものでも、誰ひとり口に運んでくれなければ存在しないのと同じ。だからこそ、自分に閉じこもっていては何もできない。そこに救われ、お客さんに届ける。

淡々と届ける

いつだって大切なのは、「中川ワニ珈琲のあじわい」をお客さんに渡していくことである。それがいいものか悪いものか、おいしいかおいしくないかはお客さんが感じ取り表現するものであって、「さあ、これが最上ですよ」なんて口が割けても調理する者が言うべきじゃないと思っている。

最近のコーヒーの宣伝や主張を見たり聞いたりしていると、「さあ、新しい時代が来て、苦いコーヒーとはさよならしましょう、そのために僕らはこういうハイ・クオリティな豆を使って、それを引き出すことができる最上の機械を使ってローストしています」なんてあらん限り謳いまくるんだけど、画一的なことを誇大に喧伝しているように思えてならない。しかも、どこの主張も似たりよったりで特徴がない。もっと淡々と大切なことを伝えればいいのに、と思う。

どの農園のどんな豆が優れているとか、本当に知りたいのはそこじゃない。その豆を使って、どんな味を引き出しているのか、どうしてそのロースト・ポイントなのか等々、一般論じゃなく、焙煎人それぞれの独自の調理法を表わしたほうがいいんじゃないか。飲む人がそのコーヒーを楽しむための、本当のところをちゃんと伝える。そういうことが求められていると思う。

出会ったことのない生豆や品質のいいものをローストするのは、焙煎に携わっている者なら誰でも楽しいしワクワクするに違いない。だが、手に入ったその豆にただ熱を加えて、ロースト・ポイントに来たからでき上がりというのは早計である。コーヒー調理はそんな単純なものじゃない。調理として完結し、ちゃんとしたコーヒーにするためには、調理人それぞれの明確なヴィジョンが必要だ。

これまでいろいろなコーヒーに出会ってきたが、中には調理が不完全なものもかなりあった。しかもそれを雑に抽出したものを飲んだり、「ホラ、こんな味がしておいしいでしょ」ってなことを押し付けられるのが嫌いだ。ローストの浅い深いなんていうことは、極端に言えばどちらでもよくて、ちゃんと調理されたものはちゃんとした味がする。ただそれだけだ。そうしたものが世の中にあふれていればいいのだけど、素材だのみのなんとなく火を通したものが大手を振って歩いているのを見るのは正直つらい。

素材の良さを謳い文句にした不完全なコーヒーは、以前からそこかしこにあった。でもいまこれだけコーヒーが広がりを見せ、人々との接点も格段に増えたのだから、もうそういうことは卒業して、ちゃんと調理をしたものでお客さんと向き合い、少しでもいいものを作り上げることが必要だ。

ひとつの生豆から、いろいろなあじわいのコーヒーを作ることができる。答えはひとつではない。良い素材を手にした時、素材に振り回されるのではなく、さらによいあじわいを求めて、僕は調理の技を磨き上げていきたい。

濃さ、薄さ

旨味は濃さ薄さに左右されないと信じている。口つけの薄い濃いは飲む人の好みに委ねればいい。

たとえばエスプレッソ。口の中に広がるべきは、その時のコーヒーが生み出す旨味の総体であって、それがあれば、濃厚でもクリアな味が感じられるはずだ。それは立体的で雑味がない。

ここでいう雑味とは、アクのようなエグみのことで、これを苦みと思う人は多いが、コーヒーの上質なエキスがもたらす苦みは飲む人を不快にしない。

薄いものにもそのコーヒーらしい旨味がなければただの茶色の薄まったぼんやりしたものになってしまう。旨味はしっかり軽やかに、が大切だと思う。

酸味と苦味のベクトルから離れて

僕は調理する時、でき上がりのイメージとして、酸味を強くとか苦味を強くというように考えて仕上げていくことはまずない。ブレンドに使う生豆の割合とそれぞれのクセによって、酸味が強くなったり、苦味が強くなったりはしていくが、コーヒーのあじわいは、酸味と苦味のベクトルで考えるものではないと思っている。いろんなあじわいが幾重にも重なりながらそれが旨味となった時に、身体にしみるあじわいになるのだ。ただ苦いだけのコーヒーとか、ただ酸っぱいだけのコーヒーなんていうのは、単に調理の失敗によってできるのであり、ミともに調理していれば、ローストによって生まれてくる旨味は本当に多様だ。

生豆の銘柄ではなく調理の仕方で

この仕事を始めた当初は、コーヒーの味は生豆（素材）の味が占める割合が大きいと思っていたが、今は、調理の仕方による違いの方が大きいと感じている。豆の特徴だけで味の評価軸を作るのは危険だ。調理の持っていき方で、かなりの部分はコントロールできるから。

同じ時期の同じ品種銘柄を使ったとしても、あじわいの答えはたったひとつではないということに、いまでもびっくりする。もちろんその銘柄固有の味の方向は明確にあるけれど、それを追いかけるより、どう調理した時に、「わっ！」と驚くようなあじわいが作れるのかを考えていくことのほうが、よほど実りある成果が得られると思う。

どんなに優れた食材も、調理を失敗するとがっかりするものになる。コーヒーもやっぱりそういうもの。銘柄は、魚で言えば白身魚、赤身魚、青魚の違いくらいに考えて、調理を重ねていくのも案外悪くない。

ブレンドのおもしろさ

シングルの味だけでは飽き足らなくなり、ブレンドがもたらす味の構成の多様さに気がついて以来、「中川ワニ珈琲」では生豆の段階でブレンドしたものをローストして作り上げる。

この方法は、豆の比率はマチマチになるが、一緒になって調理されていくので見えない相互関係が生まれ、それもまた旨味のひとつになり、より一体感も生まれると考えている。クセの強いもの同士がぶつかりあって味を殺し合うこともあれば、一種類で作ったときに少したよりなげに思えていたものが、他のものと出会うことで違う個性となって、ふくよかなものになっていくことだってざらに起こる。この出会いや発見が楽しいのだ。ブレンドすることによって旨味が表現されることもまた、コーヒーの魅力のひとつだ。

いろんなブレンドを作っているけれど、味比べみたいなことをするんじゃなければ、ふつうはその時々で一種類のコーヒーを飲むことになるのだから、そこにあるのは飲んだ人にとっていいコーヒーかそうでないかだけ。いつもの定番ブレンドを作っておけば、安心感につながるのはわかってはいるのだけれど、うちではどんなふうに作ったものでも「中川ワニ珈琲の味がする」ということがとても大切で重要なことだと信じて、日々作り込んでいる。

シティ・ローストに傾倒する

僕はローストの止めどころをほぼシティ・ロースト（中深煎り）周辺と決めている。シティ・ローストは２ハゼ（65ページ参照）のはじまりから、２ハゼ中盤手前あたりのローストエリア。なぜそうするかというと、ここで表出されるコーヒーのあじわいが、僕が好きなバランスを持っているということと、このエリアの奥深さとまだ終わりが見えない面白さに気づいたから。

それに、素材に合わせて調理を変える方法が僕にはなじまないのだ。ある限定された焼き具合の幅の中でおいしくなるものを探し当てていくという方法は、結構な良さがあり、また際限もない。とはいえこの先、よりコーヒーの旨味を作っていけるローストエリアが見つかれば、平気で変えると思う。

あじわいを言葉にする

長くロースト調理をしてきて実感しているのは、単純に苦味や酸味、甘味だけでは括れないあじわいの多様さがあって、それを飲む人に言葉で伝えていくのはとてもむずかしいということ。ピッタリの言葉がなかなか見つからない。

お客さんに、このブレンドはこういう味や楽しみ方がありますよ、と伝えるのが特に時間がかかる。口にして感じることをあまさず伝えたい。でもこのニュアンス、ピタッと言い表せないなあ、なんてことはしょっちゅうある。とはいえ悩みながらそれを考えるのが楽しくもあるんです。

あるとき作ったブレンドのあじわいメモ。

〝甘い香りがしてこざっぱり。いちじくの味がして、後味はゆったり甘い。夏らしいごはんを食べた後に合う〟

これはコスタリカ、グァテマラ、パナマのブレンドだが、このうちもうすでに、このメモを書いた時のグァテマラとパナマは手に入らなくなった。だから、これはその時きりのあじわいになる。ある時期を過ぎると同じ味は二度と作れない。

土地の味

最近、コーヒーはその地域の土がもつ養分を楽しむものなのではないか、というほぼ確信にも似た意識が生まれている。土地それぞれの土がもっている栄養分は本当に多種多様で、生豆（種子）に直結しているものなので、その栄養をどうやって焙煎した豆の中に閉じ込めて、エキスになった時に十全に放つのか。こうだろうと仮説を立ててトライしてみても、うーん、ちょっとわかるとか、ちょっと近づいた、離れたと繰り返す。

僕は豆をこんなふうに選んでいる

一期一会

コーヒーの生豆は農作物であるから、育った土地によってあじわいの傾向は当然違う。「グァテマラの△△農園の○○」と細かく指定したとしても、注文時のやりとりをスムーズにはするけれど、それでもばらつきがあることを幾度も経験してきた。

生豆の良し悪しは、基本的に調理してみるまでわからないと思っている。自分のところに届いた生豆という食材を、いかにおいしくできるか。失敗や挑戦を繰り返しながら、到達点にたどり着かなくてはならない。なんとか納得のいくところまで調理できるようになった頃、その生豆は流通しなくなって、もう手に入らないなんていうのはよくあることだ。

料理人はみな同じだろうが、どんな素晴らしい料理を作り出しても、食べられた後に形はなくなり、それを口にした人の記憶に残るだけだ。「あー、あの時のあれ、おいしかったな」と言われても、また新たな食材で調理し、手渡していくしかない。その繰り返し。

愚痴を言っているのではない。だからこそ、その時いいと思ったものを思い切りよく使い、よりおいしいものを作るのが醍醐味なのだ。それがわかってくると、やっぱり食べたり飲んだりするものは一期一会だなと実感して、また明日を迎えることになる。そして、目の前には調理前の生豆たちが所狭しと並んでいる。

豆の個性を知る

僕が生豆を選ぶときまず考えるのは、自分がまだ出会っていない味があるかということ。コレ、見た目だけではわかりづらい。だからやっぱり、調理してみるまでわからないというのが正直なところ。

僕が作るのはブレンドばかりなので、あじわいの関係性で豆を選ぶことがほとんど。サンプルをとって判断することはせず、まずは仕入れて使いたいように調理してみて、総合的に、次も使うかどうかを決めていく。

それから、ほぼシティ・ローストで仕上げるので、その焼き上がりでどんな味がするかを判断材料とする。フルーツ感が強いとか、スパイシーだとか、少しずつその特徴を知っていき、豆をいくつか選んで組み合わせていく。そして、単調で表面的な味しか持っていないものは、物足りない感じがするし、飲んでるうちに飽きてきて、僕のところでは使われない豆になっていく。

その時に手に入るものを使っているうちに豆それぞれの活かし方がわかってきて、メインに使いたくなる豆も決まってくる。それを軸に組み合わせていく豆を考えていくのが楽しくも面白い。

クセが強く個性のはっきりしたもの、調理を丁寧にすることによって柔らかくしっかりとしたあじわいを見せてくれるもの、静かでこざっぱりしたもの……。単独で飲むと魅力的に感じられないものでも、ブレンドしたとたんにその豆の個性というより全体を上品にまとめあげてくれる豆もあり、こういうのは単品だけの判断だとわからない世界だ。

ひねくれ者の選ぶ豆

生豆を注文するのに問屋に電話をかける。ひと通り決めていたもののオーダーをかけてから「ところで最近何かおもしろい豆ない？」と聞いてみる。僕にとっておもしろい豆とは、調理の仕方によって様々なあじわいが出てくるポテンシャルのあるものだ。そして、「こういう新しいのが入りました」などと返事があったものの中から、ピンと来たものをオーダーしてみる。このピンと来るのは豆そのものより、相手の言葉のちょっとしたニュアンスであることが多いから、説明しきれない。しかもちょっとひねくれ者だからか、売れ残りっぽいニュアンスがあるものを好む傾向がある。

初めて手にする生豆は、届いて袋を開けて匂いをかぎ、手にとって感触を確かめ、豆全体の感じを見る。どんな味になるだろうというワクワク感が高まるものもあれば、「なんだかなあ」と少々ガッカリするものもある。調理に入る時の気持ちってやっぱり大切なんだけど、多少気に入らないものでも、「なんとかしてやろう！」という気概でのぞむのは悪くない。

アフリカの豆

僕がこの仕事に携わるようになった頃、一般的に流通しているアフリカの豆はエチオピアやタンザニア、ケニアなどだったが、今はアフリカ諸国の種々様々な豆が流通するようになって、何気なく口にする機会も増えた。それでいっとき、アフリカの豆だけのブレンドを作ろうと思っていた。アフリカの豆ってその土地ごとにかなり特徴が違っていて、あじわいもハデでわかりやすい。だから好みを見つけるのはわりと簡単なのだが、安定して手に入りやすいものが限られているのでまだアフリカン・ブレンドはできずにいる。

ある時、カメルーンの豆を人からわけてもらって飲んでみたら、スパイシーで柔らかなコクがあり、カラフルなあじわいで魅了された。定期的に仕入れたいと思ったが、豆があまりキレイではなく、その時は入手もしやすくはなかったので、後ろ髪をひかれるような気持ちであきらめた。

ルワンダだとかブルンジだとか、大雑把に言ってしまうと、アフリカの豆はスパイシーさにおいて違いがあり、そこがまた魅力。まだまだ未知の領域もいっぱいあるのだと思う。

中南米の豆

中南米の豆たちは、破綻が少ないのと手に入れやすさにおいて優秀だ。品質管理がかなり高いレベルで行われていることが大きい。中庸なあじわいのものがベースだが、物によってちょっとしたフルーツ感が重なってくる。僕はブレンドするにあたり、パナマ、コロンビア、グァテマラ、コスタリカ、ペルーあたりの豆を味の安定やなじみやすさの要として使うことが多い。

アジアの豆

ここ七、八年の間、ラオス、タイ、インドネシアなどの豆に触れるようになった。ことにインドネシアでは、日本の米文化のように地域ごとに味の傾向が違う豆が扱われているのを知り、おもしろくなってきた。土の違いが大きいのだろう。派手というよりはどっしりしていて、よりリアルなフルーツ感があり、ラオスやタイ、ベトナムの豆たちとは傾向が違う。

世界の市場規模からいっても、アジアが生み出す生産量はとても大きな可能性を持っていて、かなりの味のヴァリエーションを見込めると思う。アジアン・ブレンドの方が、アフリカン・ブレンドより早く実現するかもしれない。

生豆の買い方

生豆はどういうふうに買えばいいのかとよく聞かれる。いちばんいいのは、生豆の匂いをかいでみることだ。「いい匂い」と自分が感じるものを選べば、まず間違いはない。ちょっとすえたような匂いがするものは買わない。それでも不安になるなら、見た目がなんとなくキレイなものを。

かといって実際見たものを買えることは少ないと思うから、自分が好む味の出方のイメージを、簡単にでもいいから書き出す。それをもって店頭やネットでの売り文句を読んだり、自家焙煎をしている店なら生豆が置いてあるから、質問を繰り返して自分のイメージに近いなと思うものを購入してみることから始めればいい。

僕は、いつか生豆が市場での買い物のように買えたらいいなあと思っている。肉屋さんに行って、ショーケースの中にないものを店の人に尋ねて、雑談しながら買い物を楽しむみたいにコーヒーの生豆が買えたら楽しい。

最初は多少の見当違いはあったとしても、何度か買っているうちにわかってくると思うし、またそれをきっかけに生豆を売っている人とコミュニケーションを深めていくのも楽しみの一つになるのではないかと思う。

それと、よくわからないということを恐れないほうがいい。わからないことを

楽しめる時間は限られているから。わからないながらなんとなくやっているうちに、だんだんいろんなことに気づく。僕もヒドい豆を手にし、捨てざるを得なかったことも初めの頃はよくあった。今はそこそこの品質のものが、わりとたやすく手に入る時代になってきたので、まずは少しずつ手にしてみることだ。それで結局はこの話になってしまうが、調理して飲んでみて、そのあじわいが気に入るかどうかがいちばん大切。それを繰り返していくと、そのうち好みやいいものもわかるようになってくるから、まず手にしてみよう。自分の好き嫌いは当人にしかわからない。自分の身体に正直に感じていけば、どんなときにどの豆を用いて調理すればいいかわかるようになると思う。

たとえばコロンビアひとつとっても味のヴァリエーションが多様になってきているので、コロンビアだからこういう傾向の味がする、というのはアテにならない。生産国くくりの大雑把な味評価をリセットして、使って自分で判断していくのが一番。それと、クセの強い豆を手にするときには、どんなクセを持っているのかをよくよく聞くなり読むなりして買えば、大きな間違いは起こらない。

豆全体の雰囲気を見る

豆を買うとき、サンプルを取ることを滅多にしない。サンプルの少量の豆で見るのと、まとまった量になったところで見えてくるものとは違うからで、この感覚を大切にしている。

僕は豆をフラットに並べて一つ一つチェックしていくのではなく、大きなザルにドバッと入れて、ザクザク手でかきまわしながら、コレはちょっとダメと思うものをハジいていく。僕のこのやり方は非合理的と、そしりを受けたこともあるが、調理する素材の全体が醸し出す雰囲気を見極めることはとても重要で、全体で見ると許せるものが、一つ一つを近視眼的に見ていくと、刑事が一つの不審物も見逃すまいとしているようで、すこし疲れる。

それから、となりととなりの関係性で見つめてみると、違う有り様に触れられる。そもそも豆一粒だけを使って飲むことはありえないのだから。

第II章 ハンド・ローストしてみよう

これから紹介する手焙煎のレシピは、ふだんは焙煎機で調理する「中川ワニ珈琲」のノウハウを、できるかぎり家庭のコンロとザルに移行して編み出したものです。まずはこの方法でシティ・ローストの焼き上げ方をマスターして、そこからお好みの味が作れるように応用してください。

Before roast

準備するもの

生豆

◆**生豆35〜40グラム**…ハンドピックを済ませたもの。これででき上がりは25〜30グラムほどになる。

◆**取っ手付きのザル**…軽くて底が丸い金属性のもの。直径17〜19センチくらい。大きいほうが豆が飛ばず、混ぜやすい。

◆**撹拌棒**…熱を通さない22〜24センチ程度の長さのもの。

◆**タイマー**

◆**ボウル、ジッパー付き保存袋など**

◆**布巾、タオルなど**

◆**ザル**…仕上がった豆を広げられるよう、焙煎に使うザルよりも大きなものがよい。

◆**扇風機かドライヤー**…焼きあがった豆を冷ます。

◆**ガスコンロ**

冷ます時に使うザル

取っ手付きのザル

ガスコンロ

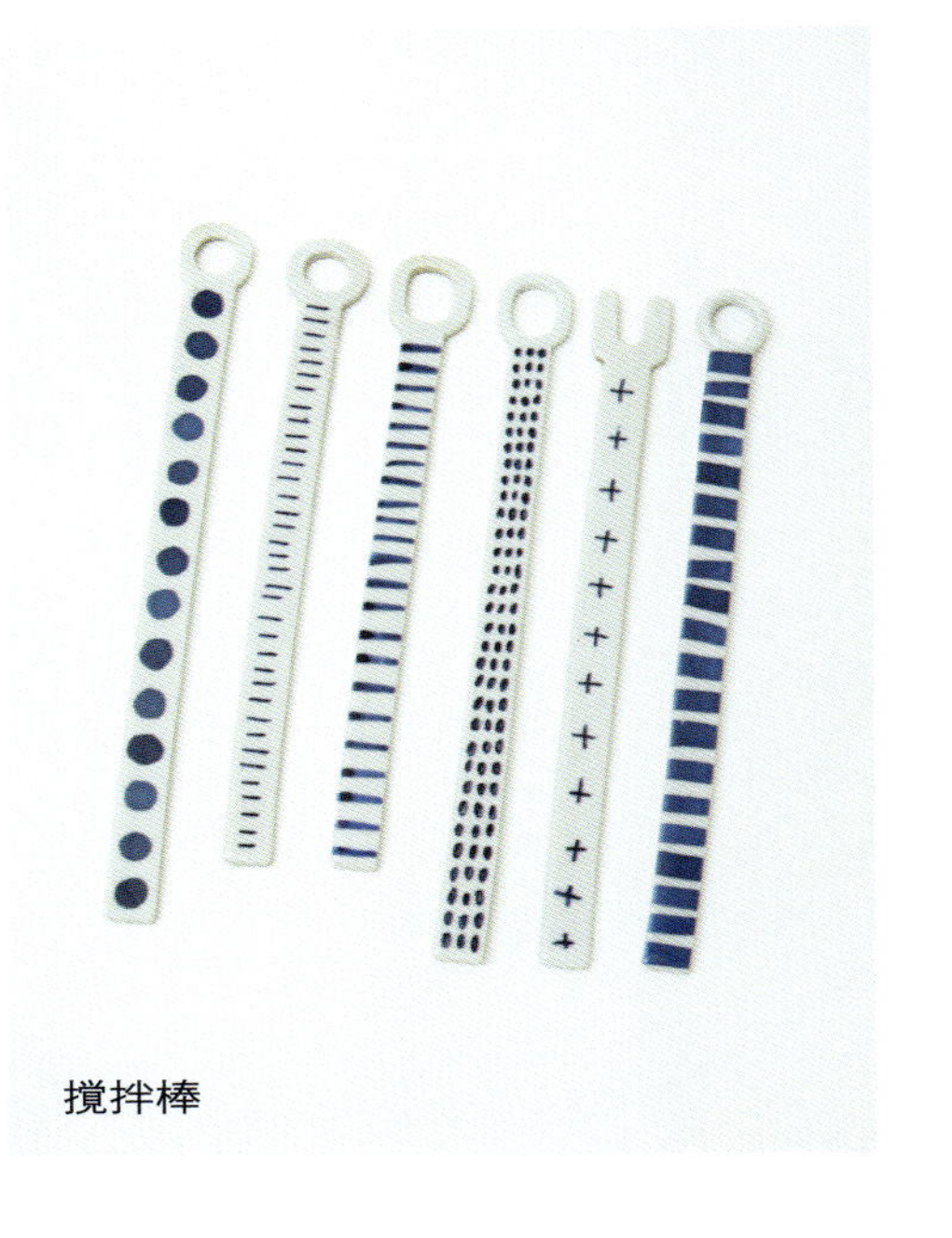
撹拌棒

ローストする生豆を決める

本書のハンド・ローストレシピで使っている生豆はグァテマラです。グァテマラもいろいろなグレードの、様々なあじわいを持つものがありますが、この豆は中庸な味のグレードのもの。中庸な味というのは、それぞれのプロセスできちんと確実に調理しないことには、アレ？　と思うほど旨味が静かなものになってしまいます。僕は常日頃、生豆（素材）が良いものでしか自分の味にできないのでは仕事にならないと言ってきました。その主旨からいうと、うってつけのものです。

この豆を使っておいしく仕上げることができれば、おそらくほぼ例外なく、いろんな豆で上手に調理できることになるはずです。

欠点豆を取り除く＝ハンドピック

ハジかれる豆たち

コーヒーの生豆は、生産国で、あるいは輸送の過程で、ある程度は欠点豆や異物を取り除く作業がなされています。しかしそれでもまだまだ不十分。自分が調理するのにきれいだと思えるように、さらに目配りが必要になります。

ハジく豆の基準は、欠けているもの、虫食いのもの、ヘンな発酵臭のするもの、シワシワで小さく硬い未成熟なもの。あとはハジきたい気分になるもの。その上で、「中川ワニ珈琲」では、全体を美しくしつらえるために、豆全体を眺めて違和感のない整った感じにします。

したごしらえ

ふだん焙煎機で調理するときは豆は洗わないのですが、このハンド・ローストでは必ず洗い、生豆についている薄い皮を取り除きます。この薄皮は焦げやすいので、不必要な苦味のもとになるし、ここでちゃんと薄皮を取っておくとコンロのまわりに皮が飛び散るのを最小限に抑え、掃除が楽になります。

洗うことにより豆は水分を得て細胞を少し目覚めさせ、加熱時に柔らかくなりやすく、焼き上がりがふっくらするのです。

豆を洗う

①生豆と水をボウルやジッパー付き保存袋に入れてもみ洗いし、付着している薄皮を取る。水がほぼ透明になるまで何度も繰り返す。
②きれいになったところで布巾やタオルでしっかりと水分をふき取る。
③ふき取ったら、すぐに調理に入る。余分な水分は調理の仕上がりを妨げるので注意。

ひたすらかきまぜて、かきまぜて、かきまぜながら、火に近づけたり遠ざけたり、火から外したり戻したり、

このハンド・ローストでは、始めたらでき上がるまで、ザルの中の豆を素早く、生クリームをホイップするときのようなスピード感でひたすらかきまぜつづけます。

同時に、ザルを火から外したり戻したり、近づけたり離したりしながら、加わる熱を調理人がコントロールしていくという意識をもってください。

豆は熱を加えるとみるみる焼け進んでいってしまいます。よりおいしくするために、調理人が豆の色や香り、音などをしっかり感じ取りながら、「勝手に焼ける豆よ、私の言うことを聞きなさい！」というくらいの気持ちで、じっくり焼き進めます。

焦げは厳禁。焦げが過剰に出てしまうと本来感じられる多様な旨味が覆い隠されてしまいます。できるかぎり煙を出さないよう慎重に、時間をかけて豆の中までしっかり熱を入れることが大切です。

焙煎時間

0分

豆の変化

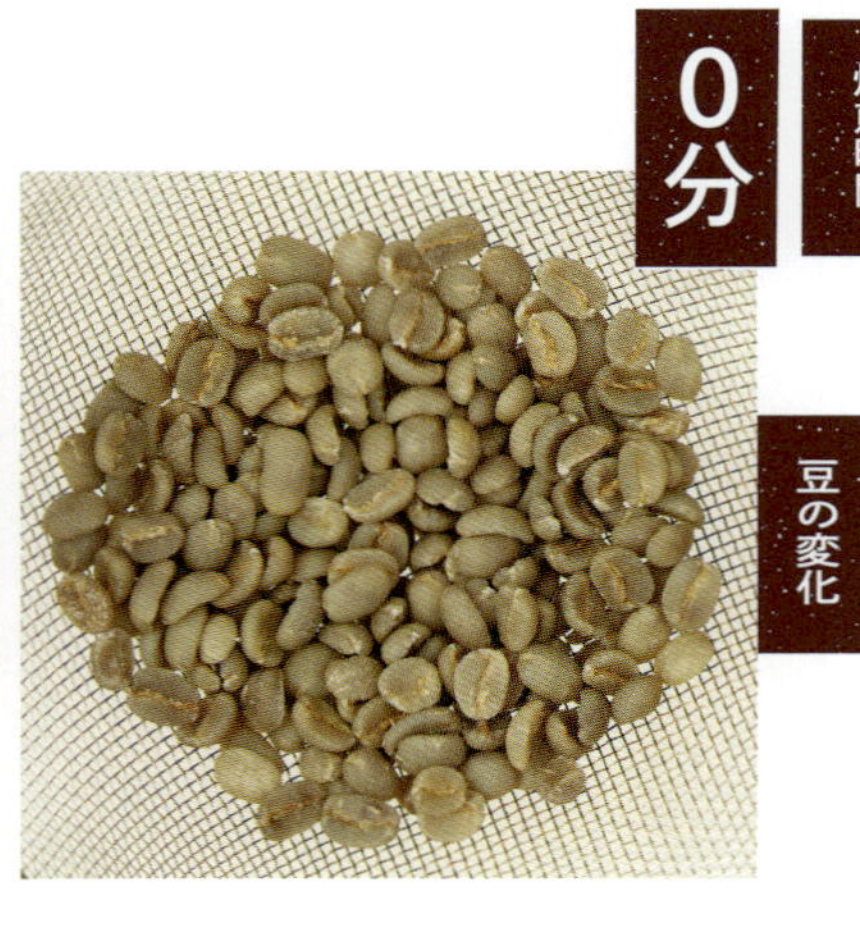

❶ 火加減を決める

コンロの火をつけ、30センチくらいの高さのところに手をかざし、熱さをギリギリ我慢できるくらい（中弱火程度）の火加減にする。

❷ 豆を熱となじませる（0分☞3分）

豆をザルに移し、火から30センチくらいのところにもっていく。

撹拌棒で豆を絶えず動かしながら、素早くかきまぜつづける。

30cm

火からの距離

1分

熱は与え過ぎても足りなくてもダメ。利き手は撹拌、逆の手はザルを火から外したり戻したりしながら、熱量を調整しよう。

2分

最初の3分間は、焼くというより豆に熱をなじませるイメージ。

薄い緑がかった乳白色から
うっすら黄色へ

3分

色の変化は、まだほとんど見られない。

豆がほんのり軽くなる瞬間を見極める。それは、豆の内側に熱が入り始めたという合図。

❸ 豆を少しずつ柔らかくしていく（3分 ☞ 6分）

ザルの高さを火から20センチほどに下げ、攪拌をつづける。

20cm

4分

ゆっくりじっくりをモットーに、色や匂いの変化をおこしていこう。
決してあせらず、火から外したり戻したりしながら蒸していくような感覚で。それが、焙煎後半の成功を導くのだ！

豆をひねって割ってみると、なんとか割けるぐらい（やけどに注意！）

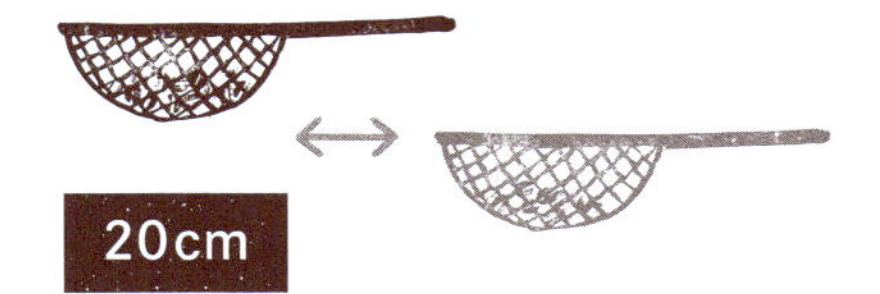

干し草のような、青々とした匂い

熱を過剰に与えると、あっという間に表面だけ焼けてしまう。

黄色っぽい色からオレンジ色へ

6分

④ 豆の色を変化させ、焼き進めていく（6分→13分）

ザルを火から15センチほどに下げ、ていねいにじっくり熱を加える。

急速な色の変化はNG。表面の焼き色だけを追いかけると焼きムラが起こり、青臭いような嫌な後味が出てしまう。

15cm

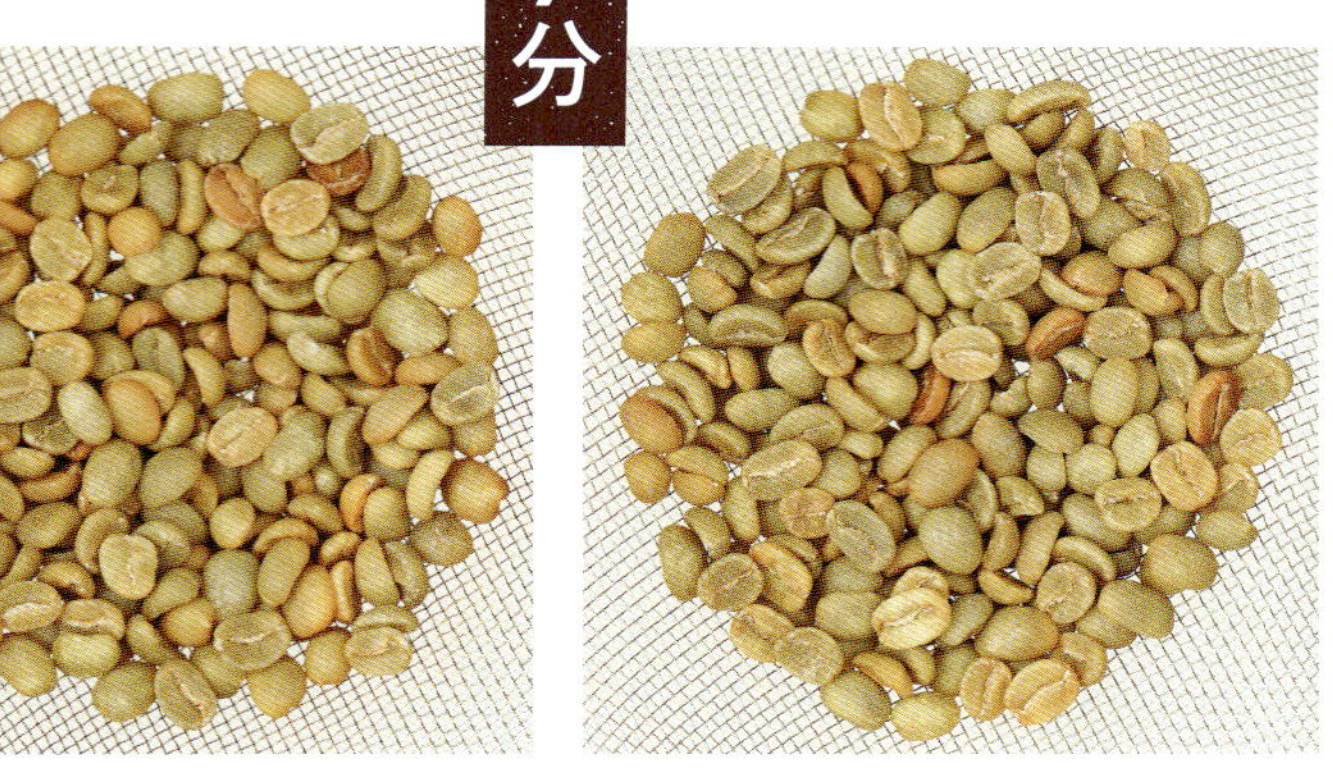

7分

甘酸っぱい匂いがしてきたら、その甘酸っぱさが全体に行き渡るように熱を加えつづける。

豆はより柔らかくなり、ひねるとクニョッと容易に割ける。指にわずかに、しかしちゃんと水気を感じるくらいが良い状態

若い果物のような甘酸っぱい匂い
↓完熟した果物のような匂い

ザルを火から10センチほどに近づける。

火に近づいたぶん、ザルを火から外す・戻す動作はよりこまめに繰り返す。

まばらな色たちがまとまりを見せ始める。きれいなオレンジ色のまとまりを目指そう。

焦がしてしまうと中に火が通らないので、煙を出さないように最後まで十分注意する。

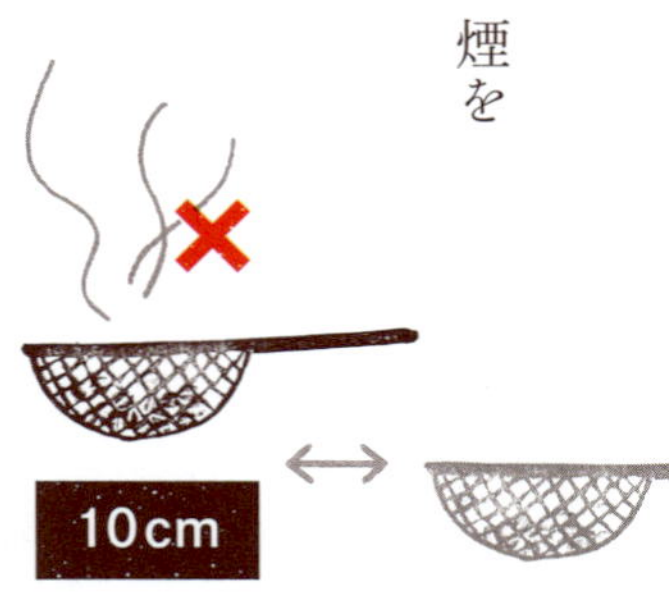

オレンジ色から濃いオレンジ色へ

8分

甘みの重なり

6分から13分にかけては、豆の色がもっとも鮮やかに劇的に変化していくプロセス。それを楽しみながら、ゆとりをもってあせらず進めよう。じっくりしっかり進めることが、仕上がりの旨味の出方に大きく影響するのだ！

豆は軽やかにシュッと割ける

ザルをいったん火から15センチほどに上げ、こまめな撹拌を繰り返す。

このあとは油断すると一気に焼き進んでしまうので、確実にプロセスを踏むためによりこまめな動きを！

濃い赤茶色から茶色へ

ここからは1ハゼに向けての準備。
ザルの高さを10センチに下げて撹拌をつづける。

割るとクニョッとねばりけが出てくる

10cm

11分

濃い赤茶色から茶色にまとまっていくように、火から外す・戻すを繰り返す。

ここがハゼ前の山場で重要な粘りどころ。あせらず、でも確実にしっかりまとめあげていければ、このあとの進行が楽になる。

茶色になる豆が増えていくのを確かめながら、徐々に5センチに近づける。

煎り大豆のような匂い

5cm

12分

豆はより熱を欲しているので、色の変化が鈍いときには火に近づけて調整しよう。

少し乾いた感じが加わりながらもねっちり割ける

❺ 1ハゼ（13分→16分）

甘い香り

甘い匂いがし出したら、ザルを5センチに下げる。火から外す・戻すの動きをより頻繁に繰り返す。

パチッとハゼの音がしはじめたら、ザルを10センチに上げ、熱を加減する。

ハゼはじめに熱を与えすぎると一気にハゼが終わってしまうので注意して。3分間にわたってハゼさせることを目指そう。

長くハゼ音がつながるように、いったん15センチに上げる。

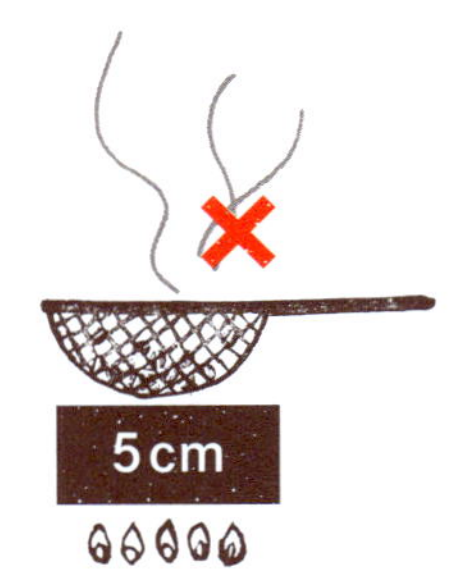

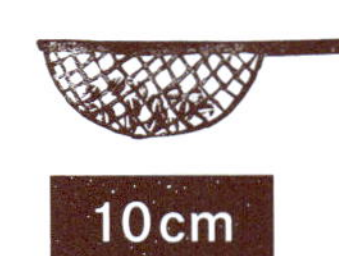

15cm

音が弱くなり過ぎたと感じたら、また10センチまで下げて調整する。

音を聞きながら、あせらずザルを動かして熱量を調整する。

耳と目と鼻と手をフル回転！

煙は禁物。焦げやすい場面だが、もっとも焦がしてはいけないところでもあるので注意して。

甘くビターな香り

豆の状態は、ハゼの前半はまだ柔らかみをもって割け、後半はカリッと割れるようにもっていくのが理想的

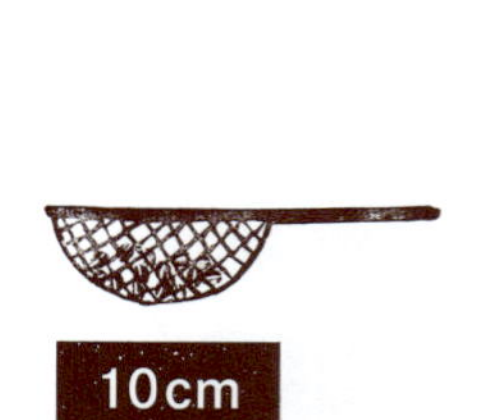

音が静まり、甘さとビターな香りが混ざってきたら、１ハゼ終了の合図。ザルを火から遠ざけ、ハゼを確実に止める。

❻ ２ハゼへの準備（16分→18分）

ザルを火から30センチの高さに上げ、外す、戻すを繰り返す。

豆はかなりの熱を保っているので、次のステップに進んでしまわないように火から外す時間を長めにし、２ハゼに向けて準備する。

30cm

17分

豆の色、香りを確認しながら、2分間しっかり豆を休ませる。

豆は焼き締まってきて、パキッと割れる状態に入る。

豆をふっくら仕上げるための大切な工程。

⑦ 2ハゼ（18分→20分）

ザルを火から5センチに近づけ、ローストをしっかり進めていく。

ザルの底で豆は燃えやすくなっているので要注意。火から外す、戻すの動作を頻繁に行おう。

ピチピチチリチリという音がしてきたら、仕上げに向けて匂いをしっかりかぎ、好みの香りと焼き色を見極める。

ハゼ音は、ここでも長く連なるようにするのがコツ。

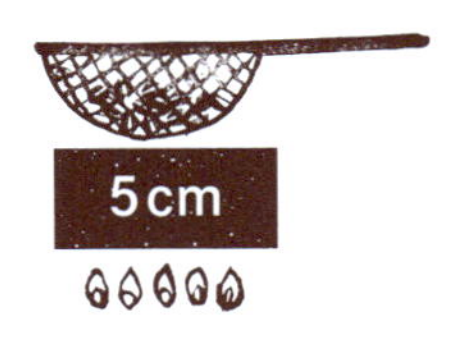

自分の本能が「ここ！」と反応したことをしっかり確認し、焼き色と、豆がふっくらしているかどうかも確かめたところで焼き止める。

自分が良いと思う焼き色よりも、少し進めてから止めること。冷ますと焼き色はやや浅い方に戻る。

豆の色にばらつきがあることを恐れないで。8割くらいを占める焼き色を基準に、仕上げを考える。

ちゃんと焼けていれば、このばらつきが味にヴァリエーションをもたらしてくれる。だからハンド・ローストはおもしろい。

❽ 冷ます

大きめの別のザルに素早く取り出し、扇風機やドライヤーの冷風で完全に冷ます。

焼き止めたところで安心してはダメ。火から離しても豆は高温になっているので、さらに焼け進んでしまう。完全に冷ますまでがコーヒー調理です。

冷ました後、全体を見て違和感があるものをハンドピックするとより完璧です。ただしそれほど神経質にならなくてもだいじょうぶ。

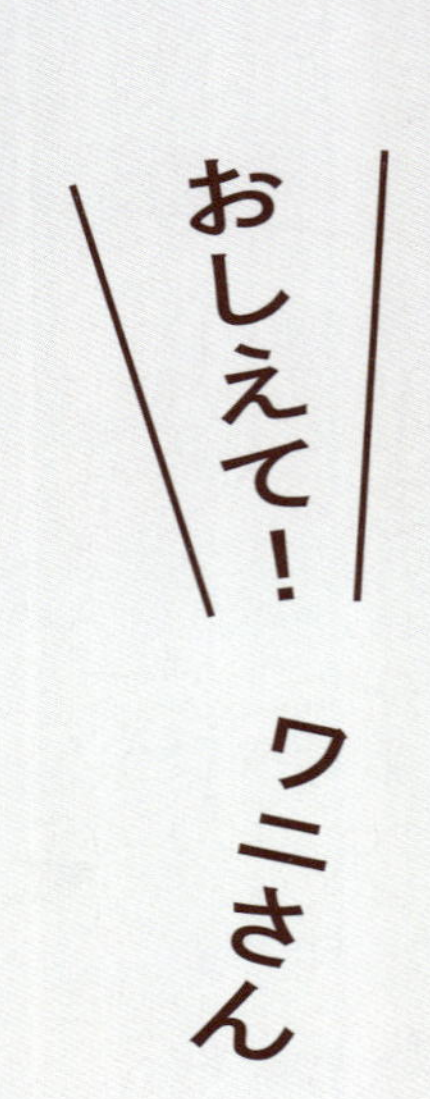
おしえて！
ワニさん

豆が柔らかくなる？

生豆は最初はとても硬いのですが、充分に熱が与えられると豆自体が持っている水分によっていったん柔らかくなります。この柔らかい状態を長く保つのが大切で、豆の中まで火を通りやすくします。そして、調理の過程でこの水分のなかに、コーヒーの旨味も作りこんでいくのです。

なぜ豆をひねるのですか？

各プロセスで火の通り具合をしっかり確認するためには、どんなに経験をつんだプロでも、パスタのアルデンテを見るように豆をひねり、どういう柔らかさになっているかを確認することが必要で、この行為を僕は大切にしています。見た目だけでは中まで火が通っているかはわからないので、二人掛かりでもやってみる価値はあります。

そもそも、コーヒー調理は表面の色を整えることではありません。コーヒーの一粒一粒が旨味を持つことが大事なのです。豆をひねって確認するのは「中川ワニ珈琲」の基本なので、余裕があったら試してみてください。

豆のひねり方

☞最初はちょっとやりづらいかもしれないのでコツを。豆のフラットな方の一本線のスリットのところに利き手の親指の先端を立て気味にあてます。反対の手は豆の半分をつまんでいる状態。そして、左手と右手で豆を逆方向にひねります。軽く力を入れても難しければ無理はしないでください。とても熱いのでやけどに注意して！

ハゼってなに？

☞コーヒー焙煎においてハゼは二段階あります。それがなぜ起きるのかには諸説ありますが、最初のハゼは、僕にとっては豆が煮えている状態から焼きに入っていくシグナルの音。この音を境にして、豆は

おそれ
入りますが、
切手を
お貼り
ください。

読者ハガキ

151-0051
東京都渋谷区千駄ヶ谷 3-56-6
(株)リトルモア　行

Little More

ご住所　〒

お名前(フリガナ)

ご職業　性別　年齢　才

メールアドレス

リトルモアからの新刊・イベント情報を希望　□する　□しない

※ご記入いただきました個人情報は、所定の目的以外には使用しません。

小社の本は全国どこの書店からもお取り寄せが可能です。
[Little More WEB オンラインストア]でもすべての書籍がご購入頂けます。
http://www.littlemore.co.jp/

ご購読ありがとうございました。
アンケートにご協力をお願いいたします。 voice

お買い上げの書籍タイトル

ご購入書店

市・区・町・村　　　　書店

本書をお求めになった動機は何ですか。

□新聞・雑誌・WEBなどの書評記事を見て（媒体名　　　　）
□新聞・雑誌などの広告を見て
□テレビ・ラジオでの紹介を見て／聴いて（番組名　　　　）
□友人からすすめられて　□店頭で見て　□ホームページで見て
□SNS（　　　　）で見て　□著者のファンだから
□その他（　　　　）

最近購入された本は何ですか。（書名　　　　）

本書についてのご感想をお聞かせくだされば、うれしく思います。
小社へのご意見・ご要望などもお書きください。

ご協力ありがとうございました。

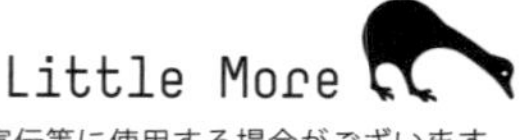

いただいたご感想は、全文または一部抜粋のうえ、本の宣伝等に使用する場合がございます。

明確に次の段階に入ります。「ここまでとは調理の仕方を変えてね」と豆が教えてくれているのです。

なぜハゼ時間を長く保つのですか?

ハゼは豆にとって過酷な状況。一気に過剰に進めてしまうと、仕上がりの豆のふっくら加減に違いが出てしまいます。ゆったりと長く音をかさねていくことが大事ですが、一方で、火から遠ざける時間が長すぎるとハゼに必要な熱が足りなくなり、豆はハゼを止めてしまいます。そうするとイジけたような味になりやすいのです。熱量の按配には十分気をつけましょう。

ハゼを終わらせるタイミング

ハゼは最初の段階で勢いをもって始まりますが、その勢いのまま進めるのではなく、熱量を加減しながら柔らかい音に変化させていきます。それによってハゼ時間は長くできます。ハゼ終盤、ハゼ遅れた豆がポツポツと音をたてている感じになったら、いったん熱から外し、自分のコントロールのもとでハゼを終わらせます。ハゼを終わらせるタイミングに悩んだら、3分間で完了としてください。

1ハゼと2ハゼの間になぜ2分間休ませるのですか？

ハゼというのは、豆自体にかなりの負担がかかる行為なので、2ハゼに入るまでに一度休ませエネルギーを蓄えさせて、2ハゼが気持ちよく起こるようにするための気遣いです。そうすることで次のハゼのスタートが整えられます。

個性の違う豆たちを、同じラインに揃える行為が「中川ワニ珈琲」の味になるコツ。2ハゼがコーヒー調理の味の仕上げなので、そこに入る前にひと呼吸置く感じです。

火の通りにくい豆、通りやすい豆

むかし、どんな豆でも自分が目指す味に調理できると思い始めた矢先、繰り返し調理してもなかなかうまくいかない豆にぶつかりました。でき上がった豆を噛んでみたり、割ってみたりして要因を探るうちに、この豆は少し時間をかけて、より熱量を与えてあげないとうまくでき上がらないのではと見当をつけ、調理法を変えてみると、なんとなくうまくいきはじめました。つまり、火の通りにくい豆だったのです。これは、コロンビア産の豆の話。逆に早く仕上がろうとする豆もあって、ブラジル、ジャワロブなどが顕著です。

火の通りの良いものは、グァテマラで記した本書の方法で問題ありませんが、通りの悪いものは豆が柔らかくなるポイントが遅いので、色付くまで（レシピ番号④前半まで）をより丁寧に、あせらずローストしていくことが大切です。それがしっかりできれば、その後の流れは通常通りでかまいません。

焼きムラってなんですか？

焼きムラとは、豆の表面の色に違いが出ることではありません。見えていない内側も含めた全体に、満遍なく熱が行き渡らず、火が通った部分とそうでないところがある状態を言います。

「均一に火を通す」という言い方がありますが、「均一」と「全体」とは違います。豆一粒一粒の全体に火を通したいのです。それができているかを知るのに、豆の柔らかさは関係します。中が柔らかく、クニョッと割けるようになっていれば、熱が全体に加わっているし。その時匂いもかいでみてください。焙煎が進み、豆が固く焼き締まる直前に割いたとき、青臭い匂いがなんとなくするようであれば、焼きムラは起こっています。

僕は、表面の色がこげ茶色になって以降に焼きムラは起こらないと思っています。それ以前のプロセスで起こるので、仕上げの色のバラツキをもって焼きムラが起こったと考えるのは間違いです。焼きムラが起こっていなければ、仕上がりの表面の色に縛られることはありません。均一な焼き色にしなくては、という強迫観念からいちど離れてみましょう。コーヒーは、均一に焼けたからおいしくなるのではないと、はっきり言っておきます。

なぜザルを使うのですか？

銀杏やごま用の煎り網やコーヒー豆専用に作られた様々な形のものなど、ハンド・ロースト の道具はいろいろあります。僕がザルを使うのは、生豆がコーヒー豆に変わっていく変化がとても見やすく、調理の出来不出来を最も感じやすいからです。それに、なんだか「炒め物を作ってるみたいだな」という、料理をしているようなその感じがいいのです。

この方法で何度かハンド・ロースト教室をした時、参加してくれた皆さんのシルエットが、まるで料理をしているみたいで良かった。どこか、実験するみたいな仰々しい感じが出なかったのがすごく良かったのです。

自分の好きな味を作るためのヒントをください

本書では、まず中川ワニ式のハンド・ロースト法で基本の味の作り方を覚えることを旨としています。基本の味を知ることで、自分の味に応用していく基盤ができます。

味を変化させる上で軸になることは二つ。一つはロースト度合いによる味の違いです。シティ・ローストより浅い味が飲みたい場合は、1ハゼのはじまりから2ハゼ直前までの間で仕上げます。飲みたい香りで焼き止めますが、豆がちゃんとふっくらするようにもっていくことが常に大切です。例として、本書のレシピの4〜5分のところで、30秒程度さらに時間をかけましょう。1ハゼがはじまったら熱量を落とし気味にし、ハゼている時間をよりゆったり長く。仕上げようと思うタイミングの30秒前付近からは、より焦げないように注意しながら熱量を少し強めに与え、焼き締めながら仕上げる感覚をもってください。1ハゼ中盤から2ハゼ前までで味わいは大きく変化しますので、自分好みのポイントを探ってみてください。

シティ・ローストより深いローストで味わう場合、2ハゼに入ったら、本書のレシピよりゆったり熱を加え、キャラメリーゼしていく感覚で、甘苦い香りにコゲ感がつかないように火を通していく時間を長くします。特に2ハゼ後半以降は豆が燃えやすく炭化しやすいので、細心の注意をはらってください。

二つめはブレンドによる味わい作りです。ブレンドとはいくつかの豆を組み合わせて多様な味を作るということですが、難しく考える必要はありません。好きな味の豆を見つけたら、それを軸に何を加えたらおいしくなるかを考え、最初は一種類加えるだけでもかまいませんし、三種類でも五種類でも、合わせたいだけ合わせてみて、どんな楽しみが広がるかを探っていってください。

もっと簡単なブレンドの作り方もあります。一種類の豆で、浅く仕上げたもの、深く仕上げたものを組み合わせていくのもこれまたブレンディングということになり、味の奥行きにヴァリエーションが作れます。多種類の組み合わせに挑戦する前に、まずは試してみるのもよいでしょう。

After roast

コーヒー豆が焼きあがったら

いつ飲むのがおいしい？

ハンド・ローストしたコーヒーは、慣れないうちはすぐに飲んだほうがおいしいでしょう。調理が上手にできるようになってきたら、湿気らないように保存して飲んでいくと、味の深まり方がはっきりわかります。

豆はローストの度合いによって飲み頃が異なってきます。落ち着いた旨味になるのに、深いものは浅いものより時間がかかります。すぐ飲むと、やや調いきらない味になりますが、一、二日置くだけでも旨味の幅はより広がります。上手にローストができていれば、二週間目あたりのまろみを楽しむのもいいものです。

豆の挽き方

焼きあがった豆は電動や手動のミルで挽くことになりますが、このとき過剰な熱が加わらない物のほうが良いでしょう。

挽きの細かさや粗さは、たとえば細かければ濃くなり粗ければ薄くなるといった一本調子な考え方ではなく、粗めは余分な雑味が少なく抽出でき、細かいのは抽出により手間がかけられるぐらいに考えてみてください。使う豆の総量によっても濃淡はつけられます。

わが家では業務用の電動ミルを使っていますが、手挽きミルは手の感触で豆がよく焼けているかどうかがわかります。中までしっかり熱が通りふっくら焼きあがったものは軽く、また上手く焼けていないものは硬く引っかかるような手応えがあります。

僕はペーパー・フィルターで淹れているので中細挽き。細かい粗い、それぞれの方向に振れすぎると、コーヒーのスタンダードな味がわかりづらくなってしまいます。僕は、常に真ん中の味で判断したいと思っています。

ペーパー・ドリップで淹れる

コーヒー豆を手にした人は、それを翻るわけではなく、淹れるという作業を経て楽しみます。コーヒーの味はそこで完結するのです。僕はその最終作業を、手にした人にゆだねることを意識してローストの仕事を完了しなくてはなりません。

つまりどんな淹れ方をされても、常に旨さが人にわかるようにしておかなくてはならないということです。それがちゃんとできているかを確認するためにも、自分の淹れ方はなるべくそっけない、ローストされた豆の味が過不足なく出やすいものが良いのです。そこで自然と浮上してきたのがペーパー・ドリップという方法でした。

ペーパーを使った淹れ方の教室を幾度も行ってきてはっきりわかったことは、この方法は気を抜くと一気にコーヒーがおいしくなくなる方に傾くということでした。そこがペーパー・ドリップの魅力をわかりづらくさせているようにも感じています。型をつかんだらもうブレないというわけにもいかないのです。

ペーパー・ドリップでは、ペーパーをドリッパーに固定し、挽いたコーヒーを入れ、湯を注いで粉がふくらんでいくとき、粉が自由に動ける場所はドリッパーの上部にしかなく、細くなっている下のほうでは自由に動くことができません。

ドリッパーの上部をちゃんと使って、粉を自由に生き生きと動かすことにより、味をふくよかに作ることができるのです。それにはお湯の注ぎ方を工夫していくしかありません。

ちなみにネル・ドリップはネル地の袋を使うので（ペーパー・ドリップのようなドリッパーは使わない）、粉がふくらんでいくとネル地もふくらみ、いわば球体のなかを動くことになるのでペーパー・ドリップより粉の可動域が大きくなります。サイフォンの場合は棒で粉と湯を攪拌するので、さらに運動量が増えることに。

器具それぞれに構造上の特徴や持ち味があり、おのずとおいしくするための技術があります。それを踏まえた上で淹れる器具を選ばなければ意味がありません。僕にとって淹れることは自分が作ったコーヒー豆の可否を確かめる手段でもあるので、ここがブレると自分の味として焙煎がうまくいったか確認できなくなります。だから、淹れることはとても重要なのです。

おいしくするための工夫を重ねていった中でたどり着いた、いまのところの僕の淹れ方を次章で紹介します。僕を支えてくれる、僕の調理テクニックです。豆を生き生きと動かし、その時の豆の全量を生かしきることでコーヒーの持っている旨味と生命感を引き出します。

ペーパー・ドリップでもたらされる味の振り幅は大きいです。同じ豆で淹れても様々に違うあじわいにたくさん出会ってきました。そこが不思議でおもしろいと思います。いや、それ以外の道具でも同じだよと言う人もいると思いますが、それぞれが大切な調理道具で、可能性に広がりを感じている道具で淹れればいいのです。これはこだわりとかではなく、僕はまだペーパー・ドリップに限界を感じません。ペーパーで調理することがおもしろくてしようがないのです。

第Ⅲ章

ハンド・ローストした豆をおいしく淹れよう

ハンド・ローストがうまくいったかどうかは、淹れて飲むことでしか確認できません。ですから、基本的な淹れ方をマスターしておくことはとても重要です。ドリップがおろそかになると、ロースト自体の方向性も見失いやすいので、練習を重ねていきましょう。

旨味と生命感を引き出す、ワニ式ドリップの手ほどき

ドリッパーの形

ドリッパーの形は、台形のもの（三つ穴、一つ穴）と僕が使っている円すい形のものとに大きく分かれます。台形は過剰に湯を使うと底のほうで湯とコーヒーのエキスがたまってしまうので、それをふまえて上手にコントロールすることが大切です。一方、円すい形は下にストレートに落ちていくので、底にたまる部分がありません。その分、エキスが溜まる場所を作り出すことが肝要となるのです。

基本的な扱いはほぼ同じですが、円すい形は台形より粉を少し多めに使うのがおいしく仕上げるコツ。台形の方は少量の粉でもしっかりめの味を作るのに向い

ているると言えるでしょうか。道具のちょっとした違いを理解して使えば、どちらでも美味しく作り上げることができます。

ドリッパーは一〜二人用と三〜四人用とがありますが、一人分を淹れるときはなるべく一〜二人用を使うようにしましょう。大きなもので一人前を淹れることもできますが、コーヒーと注がれる湯の距離は重要です。できるだけ距離が短く、よりフィットするほうを選んでください。

湯の温度

ペーパー・ドリップでは、淹れ始めの湯の温度は90〜95度の間が良いでしょう。淹れ方のコツをしっかりつかんでいない時に、それより低い温度で淹れると味が抜け過ぎ、高温だと尖った酸が出やすいという傾向があります。

温度を低めにすると甘味を引き出すとよく言われますが、それはネルの場合。ペーパーで抽出するときには必ずしも当てはまらないと思います。

湯は必ず沸騰したものを使ってください。沸点に達していないものだと淹れている間の温度が安定しません。沸騰した湯を常温のコーヒーポットに移しても、だいたい90〜95度に収まるので、わざわざ温度計で計らなくてもまずは大丈夫。

ドリップのポイント

ポイントは、常にコーヒーの粉のふくらみの形状と、その真ん中で動く泡をよく見て、湯量をコントロールしていくことです。

最初にほんの少しの湯をコーヒーにやさしくのせ、そのふくらみの原形を少しずつふっくら成長させていくという感覚で淹れていきます。

特に、湯がドリッパーの上層に行き渡り、エキスがポタポタと落ち始め、そのエキスがつながって落ち、作りたい分量の三分の一になるまで（⑳〜㉛）が重要で、ここで旨味の出方が決まると言っても過言ではありません。

湯を注ぐことで出てくる泡を上に上に動かして、コーヒーの山を少しずつふっくら高くするように育て上げるのです。コーヒーがマグマのように下から噴き上がる動きによって、結果として横にも行き渡ると考えてください。

この淹れ方の場合、上へふくらんでいく動きには三段階ほどあります。その三段階をちゃんと意識することが大切です。

第一は、上層部に湯が行きわたるまで。（②〜⑳）

第二は、泡の動きがより活発になり、膨らみと一体となるあたり。（㉑〜㉝）

第三は、コーヒーすべてに湯が行きわたり、泡の動きもおだやかになってきたと

きにコーヒーのふくらみ全体がぐっとひとまわり成長して、終わりとなるまで。（㉞〜㊴）

湯の使い方

中心から湯を注ぎ、動かし、中心に戻る

泡がムクムクと動くようになってきたら、中心からまず湯を入れ、泡が動きだしたらそれを追うように湯を動かし、泡が上に向かって動いてきたら真ん中に戻る。あっという間の動きですが、一回一回のお湯使いに、始まりと終わりを作ることがとても大切です。

湯はコーヒーの山を横に押し広げるために使うのではなく、あくまで上に向かって育むように使うことを意識してください。

湯量は徐々に増やしていきますが、ふくらみに対して過剰になれば一気に山は崩れます。逆に少なすぎればそのうち泡は動くのをやめ、しぼんだ山のようになってしまいます。

ふくらみが小さいうちから湯を横に動かしてしまうと、泡もふくらみも縦運動をやめて横にだらだらと流れていってしまいます。

一投目でできた小さな円から球体を作り、その球体から落ちるしずくがコーヒーのエキスだというイメージをもってください。

リズムが大事・まごつきはエグ味を生む

もうひとつ肝心なことは、湯を注いだり止めたりするリズム。一投目と二投目の間だけはコーヒー豆と湯がなじんでいないので、ぷっくりふくらんでいくのをゆっくり見て待ちます。(④〜⑤)

二投目以降は、餅つきのやりとりのようにリズム良く、注ぐ・止めるを繰り返してください。その人なりの一定のリズムを持つだけでも、コーヒーの味わいは調っていきます。

二投目以降、どのタイミングで次を注げばいいのか、どれくらいの湯を使っていいのかがわからず、まごまごしているうちに不規則な行為が重なってしまい、苦くざらついて、飲めないものになっている人によく出会います。不規則に間隔をあけると、エグ味のもとが出やすいということを忘れないでください。

これは10人用のドリッパーで、イベントなどでたくさんコーヒーを淹れるとき専用。でも僕がこれで作れるのは6人前。もっと大きければいいのにといつも思う。

湯を注ぐタイミング

中盤までは、その時々の適量の湯を注いでいくと、湯を差すのを止めた直後、泡がひと盛り上がりして動きを止めるはずです。それがふくらみ全体をしっかりしたものにしてくれますし、くぼみ過ぎることを防ぎ、次のふくらみを作りやすくします。その盛り上がりがスッと動きを止めたら、次の湯を注ぐタイミングです。

後半から終盤にかけては、泡とふくらみがピークを迎えているため、この盛り上がりはわかりづらいかもしれません。その時は泡の色を意識して、より白っぽくなったら注ぐのを止め、泡の動きが止まったら、すぐに湯を注ぎます。

自分が決めた分量が取り出せたら、ドリッパー内にどれだけ湯が残っていてもすぐに外してください。コーヒーが最初に落ちるまでの土台がしっかりできていれば、湯の量はどこで止めてもよいのです。ただし湯が落ち切ってしまうと出がらしのような味が出てしまいます。コーヒーを果汁に例える人もいるようですが、フルーツと違い、搾り切っていいことは何もありません。

失敗したと思っても、その失敗を一回でリカバリーしようと思わず、三回ぐらいでなんとか修復しようとしてください。

ただいたずらに時間をかけてドリップしても、濃くエグくなることはあっても、濃くおいしくなるということはありません。

ドリップが終わってから

抽出し終えたドリッパーを上から見てみましょう。ふっくらとしたドーナツがのっているような形が理想です。その中心部にスプーンを逆さにして差し込んでみてください。湯の通り道ができていれば、すっと下まで入っていきます。途中で止まってしまう場合は、粉が詰まって、エグ味が出やすい状況ができているということです。

それから、出がらしの香りもかいでみてください。自分が不快に思うような香りなら抽出がよくできていない証し。良い香りがすればＯＫです。

お湯使いのレッスン

1

中心をイメージして湯をテンテンテン……と落とせるように練習を。自分に合ったポットとそこに入れる湯の量も大事。

＊7分目から8分目ぐらい入れて始めると使いやすい。

2

挽いたコーヒーをペーパーに入れ、平らにならす。中心に落としやすいようにポットのポジションを決める。

細くやさしく、中心に向かってお湯を出す。注ぐというより、乾いたコーヒーの粉にそっと載せるような感覚。

いったんポットを置いて、心を落ち着かせる。たちまちコーヒーはふくらみはじめる。

ムクムクムクムク。

ふくらむ運動が止まり、山が締まるような瞬間を見たら2投目。中心に向かってやさしく細く湯を少し使う。

山をよく見て、ふくらむのが落ち着いたら3投目。

中心から、小さく回りながら少しずつ湯を置いていく。

いったん止めて、山がふくらんでいくのを見る。動きが止まったら次をそそぐ。

ふくらむ動きが大きくなってくるので、上へ上へ、高くする意識をもって。
＊お湯を使いすぎると横に必要以上に広がっていってしまうので、そうならないように湯量をコントロールする。

止めてふくらみを待ち、また少し湯を入れることを繰り返す。

＊この繰り返しが味の層を作るために重要。

湯がコーヒーに当たると同時に、真ん中に大きく動く泡が出てくる。

＊コーヒーと湯がなじみはじめた証し。

泡が縦にクルクル動くようにお湯を動かしていく。

＊泡を動かしたいからといって、湯を大きく横に動かしてはだめ。

中心からマグマが上がってくるように泡が出てくる。泡が吹き上がって下に返る感じがしたら、湯を注ぐのをやめる。

泡の動きが止まったら、中心から湯をそそぐ。

泡の動きに呼吸を合わせるように、コンパクトに湯を動かす。

湯を入れていないときに、泡がさらに上にいこうとする動きが見えたら次に進む。

泡が縦に、気持ちよく背伸びするように動き出すまで、中心から動かない。

泡が動き始めたら、中心軸のまわりを泡をなぞるように、泡を上に上げていく感覚で湯を動かす。

表面全体に湯があたり、乾いたところがない状態になったときにポタッと1滴目が落ちるのが理想。

湯を止めるとき、中心からプッとすくい上げるように上げる。山を大きくふくらませるコツ。

＊いつも「プッと上げる」を意識して。

泡の動きが止まったらまた中心から。泡の動きに呼吸を合わせてリズミカルに。

コーヒーの落ちる音が「ポタッ、ポタッ」から「チャ――」と変化したら、湯を増やす合図。

思い切ってリズムよく、気持ちよく大きく泡を動かす。なめらかな動きで、均等に回し入れていくように。

泡をしっかり一回り半ほど動かしたら湯を止める。

泡の動きが止まったら、また中心から。

泡が生き生きと動くのに合わせて、湯をふわーっと注ぐ、止める、を繰り返す。

ふわーっと柔らかくふくらむほどコーヒーは気持ちよく動けるから、味がなめらかになる。

気持ちよくひと運動起こしたら、真ん中でまた止める。いつも中心から始め、中心で終える。

作り出した味を下に押し出すため、よりダイナミックに。

泡に合わせて動くことを忘れずに。

湯ははじめの3倍くらいの太さで、
ゆっくり動かしていく。

真ん中で止めたら、泡がシュッと動きを止めるのを確認。

山をよりふっくらさせることを目指して。

泡の色が変わってきたら、お湯の円周をコンパクトに動かすこと。

最後は真ん中に戻して、プッと上げる。

山形のふくらみがフラットになってきたら、あまり神経質な湯の動きはいらない。

作りたい量を意識し、最後の調整。

作りたい量が落ちたことを確認したら、ドリッパーを素早く外す。

完成。

ワニと相棒たち

いちばんの相棒はなんといっても焙煎機だ。知人をとおして譲り受けたこの焙煎機とのつきあいも、もうすぐ四半世紀になる。六〇年代築の古いマンションの最上階を自宅兼アトリエとしているので、エレベーターがない5階にどうやって運ぶかが大問題だった。高校時代からの友人が中心となって、それこそ命がけで運んでくれた。あとになって、業者さんに頼めば案外安く運べたと知って拍子抜け。今では笑い話だ。

焙煎機を筆頭に、調理に使う道具は簡単に音を上げるものでは困る。だからできるかぎり大切に扱う。ご機嫌も伺う。おかげで多くの道具たちはずっと変わらずそばにいてくれる。ときには一つまた一つと新しいのもやってきて、以前は三人家族ぐらいだったのが、今では十人家族ぐらいの感じで、アトリエはけっこうにぎにぎしい。

これは豆が焼きあがったところ。だいたい1日あたり1〜3回調理するのが通常だが、1年くらい前、14回連続で調理するなんて無謀なことをした。壊れ知らずの偉丈夫は、その時も快調そのものだった。二度とそんなことはしないけど。

焙煎機を設置してくれたおじさんが、古いミルを修理してお祝いにくれた。スイッチ部分が昔ながらのスイッチカバーで修繕されていて笑えた。それ以降使い続けているのだが、3.11震災時に豆を入れるガラス部分が割れてしまい、漏斗で代用。インドネシアの草で編んだフードカバーを帽子がわりに乗っけてる。トゥマッチな感じがよい。

「中川ワニ珈琲」の商品開発を担うのはある時からカミさんの大切な仕事になった。ある日ワニの尻尾らしきものの絵を描いていたので「それなに？」と聞くと、たっぷりのコーヒー豆の中を泳がせる匙だと言った。そして、木工職人のマールちゃんにたのんで作ってもらったのがコレ。コーヒーと馴染むうち、だんだん黒光りして、よりワニっぽさが増していくのが楽しみ。

これは、京都の職人さんに僕専用として
作ってもらった、世界にたったひとつの
ポット。正直、誇りに思っている。傾けた時、
僕にとってごく自然に湯が流れ出る。重さ
もちょうどよく、からだに負担を感じない。
このポットに恥じない仕事ができるように
と思いながら使っている。

ワニ嫁とガラス屋嫁が「女の人が使いやすく、楽しめるものを」と試行錯誤しながらけっこうな時間をかけて作った。部屋には試作中に生まれたちょっとずつ形の違うビーカーが、気がつけばたくさん並んでいて、眺めているとコーヒーが注がれるのを待っているようにも見える。

ジャカルタの旅先で案内されたギャラリーで、カミさんが目をつけて頼み込んで連れて帰ってきた。バティックモチーフがカップに絵付けされた姿がワニ柄に見えたらしい。飲むときの、口に当たる部分の感触もここちよく、もうちょっと家に馴染むのを待っている。

ローストのプロセスごとに変わる豆の匂いを感じ取りながら、次に何をすべきかを考える。調理中は豆の音や焙煎機の音を聞きとり、からだに刻むことも大事にしている。

あとがき そしてワニの旅はつづく

インドネシアのスマトラ島南に位置するランプンの村には、ホテルどころか民宿も食堂もない。そこに滞在するには、地元の人の家に泊めてもらい食事を作ってもらうしかない。

日が暮れると、泊まった家の家族と一緒にごはんを食べ、食後は村で採れた生豆を僕が持参したザルでローストして淹れ、集まって

きた人たちと飲む。このエリアでは砂糖をたっぷり入れたコーヒーが当たり前の文化なので、ストレートで飲む僕のコーヒーは「これはなんだ、苦くて飲めないよ」なんて言われたりしながら、いろいろな話をし、こんどはあなたの調理で飲んでみたいとお願いしては飲み、話すを繰り返す。僕は現地の言葉ができないので、旅の始まりのきっかけであり同行してくれている純胡椒の仙人くん（インドネシアの良質な胡椒を生産から加工まで現地で行って日本に輸入している）の通訳がたよりだ。

朝になると、村の奥さんたちが来てくれて、にぎやかにおしゃべりしながら僕が買おうと決めた生豆を選り分けていく。もともと選別するということをしない人たちだから効率良くなんて進まず、いったい何日かかるんだろうと内心思いながら、自分も一緒に手を動かす。

そんなふうにして手にしたものを、その時々の風景を思い起こしながら日本の自宅で調理する。途中で出てくる豆の匂いに現地での匂いが重なり、今いったい自分はどこにいるのかわからなくなる。

僕の旅はいつもこんな感じで、コーヒーを介してのことがほとんどだ。国内ではコーヒー教室やイベントだったり、海外ではコーヒーが飲める場所や農家を訪ねたりするのだが、目的はコーヒーそのものにかぎらない。出かけて行った先には、人や土地にまつわるそれぞれの暮らしがあり、それを肌で感じ触れることが僕の栄養となって、自分の作るコーヒーに重ね、味を描く。

僕がやりたいことは、自分なりに生豆を仕入れてほら面白いでしょ、珍しいでしょ、ということではない。土地の人たちと対等な目線で何が作り出していけるのか。そのエッセンスをコーヒーの味にのせて、お客さんに手渡してみたい。人の縁と協力を得て手にしたものを、自分の味になるよう調理して、それを一人でも多くの人に届けてみたい。僕らしくゆっくりと丁寧にコーヒーを楽しみたい。

日々そんなふうに向き合っているうちに、いろんなことが見えてきた。コーヒーにまつわるさまざまな出来事に出くわしながら、何かを生み出すことが一種のプロジェクトに思えている。その時間を楽しみコーヒーを作っていく。たぶん中身はその時々で変わっていくだろう。店舗をもたないコーヒー・ロースト調理人は、いまそんなことを思っています。

僕の焙煎人としての時間は二十三年がたつけれど、それはまだ長いとは言えないかもしれない。まだまだ不可思議なことに出会うことも多く、やりたいことがゆっくりと、でも、いろいろと湧き起こってくる。

中川ワニ
なかがわわに

1964年石川県生まれ、画家・焙煎人。13歳の時コーヒーに目覚め、94年「中川ワニ珈琲」を立ち上げる。ブレンドによる豆の個性の多様な引き出し方と、シティ・ローストの味わいの深さに魅了され、すべて混合焙煎（ロースト前に豆を合わせる）、シティ・ローストにて作り続けている。焼きあがったコーヒー豆の美しさ、香り、旨味、後味の余韻が特色。自宅に8kg焙煎機を持ち、注文に応じて届けるいわば個人焙煎人のパイオニアでもあり、全国各地に根強いファンを持つ。焙煎のかたわら各地でコーヒー教室を行っている。無類のジャズ好きでもある。

https://nakagawawanicoffee.com

Special thanks : Ayumi Kawasaki (KiKiinc. / AL)

「中川ワニ珈琲」のレシピ
家でたのしむ手焙煎（ハンド・ロースト）コーヒーの基本

2018年2月22日　初版第一刷発行
2021年4月22日　第三刷発行

著者　中川ワニ

撮影　長野陽一
制作協力・版画　中川京子
アートディレクション　有山達也
デザイン　山本祐衣（アリヤマデザインストア）
企画　三枝克之（カフェユニゾン）
編集　大嶺洋子（リトルモア）

発行人　孫家邦
発行所　株式会社リトルモア
〒151-0051
東京都渋谷区千駄ヶ谷3-56-6
電話：03(3401)1042
ファックス：03(3401)1052
http://www.littlemore.co.jp/

印刷・製本所　中央精版印刷株式会社

ISBN978-4-89815-471-7　C0077